LE DUC DECAZES

Lettre à M. HERVÉ

50 CENTIMES.

PARIS

IMPRIMERIE MOQUET

11, RUE DES FOSSES-SAINT-JACQUES, 11.

1876.

A HENRI MUSSET,

DOCTEUR-MÉDECIN,
ANCIEN CONSEILLER GÉNÉRAL DE LA GIRONDE.

Mon cher Henri,

Le savant et sage Littré a écrit ceci : « Nous ne pouvons, sans en périr, supporter de nouvelles dislocations. L'étranger a la main toute prête pour en profiter. Dans une situation aussi périlleuse, si c'eût été la monarchie qui eût repris la direction de nos affaires, je conseillerais aux républicains de respecter la monarchie; mais, puisque c'est à la République que le gouvernement est échu, je conseille aux monarchistes de respecter la République. »

Il résulte de ces graves paroles, que la Constitution du 25 février doit être envisagée, non pas comme la formule des volontés plus ou moins arbitraires de tel ou tel parti, mais comme le résultat de nos nécessités publiques et de la raison commune française. A la différence de ses aînées anciennes et modernes, notre République n'a pas surgi de la victoire, et elle est moins la forme d'une émancipation et d'un développement, que le moyen de ralliement et de concentration de nos forces nationales vis-à-vis des partis et vis-à-vis de l'étranger. La France est en vedette, et sa Constitution est une consigne.

Le patriotisme exige donc que chacun s'y soumette, et comme elle présente une solution que dans ta prévoyance tu réclamas en tout temps; et comme notre cher duc, si supérieur de vue politique, et renseigné par ses rapports extérieurs sur les besoins de notre défense, a concouru puissamment à la réaliser, je te dédie ces quelques pages, inspirées, pour une grande part, par l'expression si renouvelée de tes sollicitudes publiques, de tes convictions constantes et de tes sympathies personnelles.

Tu m'entretenais récemment de l'échange d'une sorte de confession politique entre un avocat de Libourne, homme d'esprit, candidat bonapartiste à la députation, dans la deuxième circonscription de l'arrondissement de Libourne, et toi-même. Il t'écrivait : « J'ai horreur de l'esprit révolutionnaire; luttez pour moi en faveur de l'ordre. » Tu lui as répondu : « J'ai horreur du césarisme qui n'est qu'une dictature révolutionnaire. L'ordre oppressif est aussi une perturbation.

« L'ordre par une volonté despotique qui peut être une volonté extravagante ou méchante, même sauvage et non par des lois discutées et consenties, ne fut jamais, en tout cas, l'ordre réclamé par vos nobles devanciers dans notre Gironde, par les Laîné, les Martignac, les Dufaure, les Lagarde. Ce gracieux et brillant Lagarde, dont la verve éloquente échauffa quelquefois les imaginations Libournaises, bâton-

nier de son ordre, complimenta le duc d'Orléans,
de passage à Bordeaux. Ce prince lui répondit :
« J'honore les membres de votre corporation et,
en particulier, les avocats de ce grand barreau,
pour la part qu'ils ont toujours prise à la *défense
des libertés publiques*. »

J'approuve ta réplique et je m'étonne avec toi
qu'un esprit aussi fin, aussi doux que celui de
ton interlocuteur, le Jasmin du barreau girondin,
ait été attiré du côté des sabres napoléoniens.

Napoléon Ier disait des avocats : « De mon sa-
bre, je couperai toutes leurs langues, à ces ba-
vards. »

Et comment peut-on vivre si près des campa-
gnes et des paysans et les aimer assez peu pour
désirer le retour d'un régime qui fut, surtout
sous le premier empire, — toutes nos annales
en témoignent — l'accablement, l'asservisse-
ment des communes? L'esprit révolutionnaire
les avait couvertes de sang. L'Empire les écra-
sa. Il les couvrit de ruines et de poussière; et
comment le même candidat, avec ses dons de
grâce insinuante, peut-il étaler un programme
de conservateur, alors que tous les souvenirs
contemporains et l'histoire frémissent des jeux
sanglants de la force et des ambitions de con-
quêtes, où se vautra le bonapartisme, jeux et
ambitions qui ont créé en Europe des mouvements qui nous ont tant amoindris, qui, hier,
nous ravirent deux provinces et où peut-être, un
jour, la France périra?

Cette candidature violente d'un candidat aussi placide a quelque chose d'étrange, comme quelque chose d'emprunté à un livre de Victor Hugo, toujours si bizarre, si plein de fantaisie et d'antithèse. Notre père, qui admira tant Mlle Mars, la vit-il jamais dans quelque rôle de Tancrède et de Mahomet? Cet avocat de miel, napoléonien, candidat du parti de la proscription et du socialisme autoritaire, qui décrirait, en style de Florian, l'enfer et le 2 Décembre et un ciel d'or aux journées de Sedan et de Metz, me met sous les yeux l'image de cet honnête homme, assis tranquillement à son foyer. Il est sensé, il est bon, il est vertueux, et il se réjouit, le soir, au milieu des siens, du bien-être que son travail du jour leur a acquis. Mais, à un moment, cet homme cesse de sourire ; il devient silencieux, se lève, prend un couteau..... Il tue sa femme et son fils. Ce malheureux est fou.

J'admire et je respecte infiniment les facultés éminentes du candidat bonapartiste dont je parle, mais *qu'allait-il faire dans cette galère?* Que va-t-il faire dans cette caserne? Et je me demande si. au jour où la candidature de nitre de cet avocat agnelet s'est produite, elle n'a pas éclaté dans son cabinet comme un de ces coups de pistolet sinistres, qui terrifient et font accourir les voisins.

Tu liras, mon cher ami, les notes qui suivent, d'une date déjà ancienne. Je ne les destinai pas à la publicité, que, par elles-mêmes, elles ne méritent pas ; — néanmoins, je les publie pour me créer une occasion de protester contre un oubli local scandaleux envers un homme qui, dans notre sombre situation française actuelle, a le dépôt de nos intérêts et de notre honneur la garde de la France vis-à-vis de l'étranger.

Puissent tous les bons citoyens — et ils sont nombreux — de la deuxième circonscription de Libourne, s'entendre pour réparer cette injustice du parti démocrate et creuser des souterrains, ils ne pourraient être assez profonds, à ce torrent de haute sottise !

Eh ! quel serait donc, en avril prochain, sur le marché de Versailles, après cette grande pêche qui occupe aujourd'hui notre sérieuse démocratie, quel serait ce poisson trompeur, ramassé dans les sables, sous le titre de *Député du progrès*, plein de chair à Libourne, cavité de carton et néant à Versailles !

En réalité, deux candidatures à Libourne. — Et il est à remarquer que, par la notoriété du duc Decazes, elles sont en spectacle sous les yeux de l'Europe. — Une candidature *Jaguar* et une candidature *Jean de Nivelle*, et, Jean de Nivelle, comme c'est son habitude, boira le bouillon.

Mon cher ami, adieu.

E. St-B. MUSSET.

Paris, 8 février 1876.

LETTRE A M. HERVÉ.

Paris, le 22 décembre 1875.

Monsieur,

Il y a plus d'un an, j'eus l'honneur de me pré-
senter à votre cabinet de journaliste, sous la re-
commandation de M..... Dans quel but? Peu
importe ici. Votre accueil, qui fut très-bienveil-
lant, éveilla ma causerie et je vous parlai de
M. le duc Decazes, chez lequel je vous avais
aperçu.

Si vous voulez bien, j'ajouterai ici quelques
mots à cet entretien.

Le *Soleil* a annoncé une série de portraits lit-
téraires. L'auteur, qui déjà a commencé la figure
de M. de Broglie, est-il dans l'intention de des-
siner celle de M. le duc Decazes? Dans cette hy-
pothèse, je prends la liberté de soumettre à
votre collaborateur quelques indications qu'il ne
jugera peut-être pas inutiles.

Je lis souvent dans les journaux : le duc Decazes est *fin, très-fin*. — Néanmoins, je propo-
serais au portraitiste du *Soleil*, comme trait es-
sentiel de M. le duc Decazes : *le duc est bon, très-
bon*. N'est-il pas très-fin? il y a finesse et finesse,
et si une intelligence nette, déliée, sincère, ser-
vie par une parole habile, ouverte aux réalités
des choses et non à ces vapeurs qui, pour tant
d'esprits même distingués, flottent à leur sur-
face, qui interprète les faits avec un incompa-

rable bon sens, si cette intelligence, c'est de la finesse, le duc Decaze est fin, très-fin.

Mais j'insiste sur son caractère de bonté.

J'ai connu le duc Decazes père. De lui, combien de fois n'a-t-on pas répété, même à Libourne : il est fin, très-fin ! Eh bien ! le duc Decazes père était merveilleusement accueillant, simple et bon. Sa sincérité de sympathie charmait, entraînait. Il n'était qu'occupé, je ne dirai pas d'œuvres charitables qu'il ne négligeait pas, mais de services à chacun et d'intérêts agricoles et autres, où il n'associait que son bonheur d'être utile. Il me disait un jour : « Lamartine, dans son *Histoire de la Restauration*, écrit toujours : *le favori, le favori du roi*. J'ai été l'ami de Louis XVIII, et un ami non ménager des bons avis. *Favori, favori du roi*. Non, non. Ce terme n'est pas exact. » Je crois sans peine que le duc Decazes apportait au roi Louis XVIII un dévouement aussi plein de sincérité que de clairvoyance, ce dévouement, cette amitié dont pour tous sa vie fut pleine. En lui, l'homme public et l'homme privé respiraient le même air, sentaient du même cœur. Le Luxembourg, où il a habité longtemps, est plein des souvenirs de sa bienveillance compâtissante. Un employé subalterne de ce palais avait-il un enfant malade : le duc Decazes aussitôt devenait son visiteur assidu et bienfaisant. Tel est le secret de sa haute fortune. Il faut y voir surtout le triomphe de la sincérité et de la sympathie. Louis XVIII discerna l'âme de son ministre ; il l'aima et lui donna sa confiance. Aucun historien de la Restauration n'a assez bien compris le lien qui unissait Louis XVIII à son ministre. Ce lien fut dans le don de plaire, mais surtout dans le don d'aimer. A la place de Turgot, honnête homme, mettez le duc Decazes, aussi honnête que lui, mais plus aimant et plus fait pour être aimé; substituez à la philosophie imposante du grand ministre de Louis XVI, le cœur qui charme avec cet esprit juste qui, comme une aiguille, marque le temps, et la France eût été sauvée.

J'ai professé le droit à l'*école supérieure du commerce*, dite *école Blanqui*. Après Adolphe Blanqui, nous eûmes pour directeur M. Gervais (de Caen), préfet de police sous Cavaignac. Un jour ce dernier me conta ce fait :

« Vous connaissez le duc de Gluchsberg, aujourd'hui duc Decazes. J'ai connu son père, écoutez ceci : Un de nos amis — hélas! non pas seul — était traduit en Cour des pairs. Sa femme, qui était sur le point d'accoucher, réclamait avec désespoir son mari, détenu au Luxembourg. Je vis le duc Decazes, alors grand référendaire de la Chambre des pairs, et lui demandai quelques instants de liberté pour notre malheureux ami. Le duc refusa d'abord. Je lui représentai l'agitation fiévreuse de cette femme séparée, à ce moment de crise douloureuse, de son mari, l'horreur de son isolement et de sa pauvreté. M. Decazes alors m'interrompit vive-

ment : « Il sortira, mais vous me répondez sur
« l'honneur du retour volontaire de cet homme
« dans sa prison.....? »

« Notre ami alla donc voir sa femme, accom-
pagné d'un agent de police sous l'habit bour-
geois. Au domicile, celui-ci demanda à son pri-
sonnier : « Quand voulez-vous que je revienne? »
— « Revenez dans une demi-heure. » — « Je
« reviendrai ce soir, à huit heures. » Et il s'é-
loigna.

« A huit heures précises, l'agent de police
frappa à la porte de notre ami, qui le reçut avec
colère : « Voyez ce qu'est ce duc Decazes! il a
« profité de mon malheur pour me déshonorer.
« Vous avez osé déposer, ce matin , sur ma
« table, cette bourse pleine d'or! le duc De-
« cazes est un misérable ! »

« En vain l'agent de police répliqua que M. le
duc Decazes, touché de l'état de pauvreté et
d'abandon de sa femme, avait voulu que sa dé-
marche lui fût fructueuse et ranimât en elle les
forces et l'espérance et que, d'ailleurs, ce don,
qui n'émanait que du duc seul, ne devait laisser
de traces qu'au domicile de la malade et dans
son souvenir : durant tout le trajet jusqu'à la
porte de sa prison, notre malheureux camarade
ne cessa de s'épancher en paroles amères sur
le procédé infâme du duc Decazes.

« Dans les jours qui suivirent, des secours en
nature de toute espèce étaient apportés par une
main discrète au domicile de la pauvre accou-

chée. Ils se renouvelaient avec une régularité qui provoqua notre attention défiante. Nous recherchâmes l'origine de cette assistance, et enfin nous crûmes découvrir que le bienfaiteur était le curé de Sainte-Élisabeth. Notre ami habitait cette paroisse. Nous sentîmes que nous ne pouvions tolérer plus longtemps la substitution de cette providence ecclésiastique à la nôtre, et je fus chargé par notre parti d'aller remercier M. le curé de Sainte-Élisabeth et, en même temps, de l'informer que notre *caisse fraternelle* pourvoirait désormais aux besoins de cette famille.

« Vous me remerciez, me répondit le curé de Sainte-Élisabeth : vous ne me devez rien. La main qui donne par la mienne, c'est la main du duc Decazes lui-même ; je ne livre que son secret.

« A cette époque, les plus ardentes haines nous passionnaient contre le gouvernement de Louis-Philippe. Je confesse que la révélation de cet acte généreux me stupéfia et me mit les larmes aux yeux. »

Tel est ce récit. M. le duc Decazes avait atteint à la plus haute cîme des grandeurs politiques. Il avait fasciné de sa grâce la cour, Paris et Londres. Par son ordonnance du 7 septembre 1817, il avait agrandi l'histoire d'une date glorieuse, en fermant la période d'oppression impériale, recrudescente sous sa prolongation légitimiste de 1814 et 1815. Paris avait couvert son nom de la splendeur d'une illumination sou-

daine. Un roi l'avait aimé et lui avait ouvert pour
retraite, après sa chute ministérielle, des hon-
neurs grandioses. Duc, il l'était devenu en pro-
testation contre une calomnie infâme de la
haine d'un parti carliste qui ne s'est pas encore
repenti dans la personne de nos légitimistes in-
transigeants — et cet homme avait l'âme douce,
simple et donnante du Joseph des vieux âges bi-
bliques ! — ce familier des princes et des prin-
cesses de l'Europe envoyait secrètement, dans
une mansarde de Paris, à une pauvre femme in-
connue, de la soupe et des cotrets !

Quand je vis, pour la première fois, notre duc
Decazes actuel, je fus frappé de sa similitude de
traits physiques avec son père. Même front,
mêmes grands yeux, profonds et pénétrants,
avec le plus fin sourire du cœur. Tel fut le père,
tel est le fils. Je conseille à l'écrivain du *Soleil*
d'étudier, s'il veut le comprendre, notre duc Decazes dans son origine et il marquera en traits
profonds, dans sa notice, la chaleur et la fidélité
dans l'amitié, la bienveillance inépuisable, la
sympathie fraternelle, l'insouci complet envers
toute injure. Depuis le 4 septembre, il y a à Libourne des journaux qui n'ont cessé de le pour-
suivre de leurs attaques les plus acrimonieuses.
Quelle entrave leur suscita-t-il jamais? Les con-
naît-il? On peut croire qu'il les ignore.

L'écrivain du *Soleil* pourrait indiquer encore
l'étonnant sang-froid du duc. Il venait d'être
battu, sous l'empire, comme candidat à la dépu-

tation, par M. Chaix-d'Est-Ange fils, ou plutôt par le préfet de la Gironde. La lutte avait été ardente et, du côté de l'administration, grossièrement hostile. J'arrivai chez le duc Decazes, non sans quelque émotion. Je le trouvai calme comme un homme qui vient de perdre une partie de loto.

Monsieur le duc Decazes est-il un conservateur? La question peut-être posée, nombre de conservateurs n'étant ralliés au drapeau de l'ordre que par l'égoisme ou par des préjugés que la marche du temps a dissous. Il est dévoué à toutes les résistances nécessaires comme à toutes les mutations raisonnables. Il est pour l'ordre qui développe, et non pour l'ordre qui pétrifie. La physique est née après la géométrie : A ce moment, le duc eût dit : soyons physiciens, et restons géomètres. Son point de vue politique s'adapte à la généralité du grand milieu où il a toujours vécu. Girondin par l'origine et par la bienveillance active; Français et Parisien par le patriotisme et par l'esprit, il est européen par l'ensemble de ses vues économiques, par l'entente des conditions du concours pacifique continental, et par ses relations anciennes avec les hommes considérables des divers pays, et il a développé en lui par sa connaissance et sa pratique des diverses nationalités et formes politiques étrangères, le sentiment qui le distingue le plus, la tolérance. Après Sedan et Metz, et en face de la prétention rétrograde de M. de Bismark à la suprématie matérielle, nul, en France, n'était plus apte, par la dignité, la douceur et une intelligent esprit de transaction, à relever la prééminence morale de la France. Entendez-le sur la réforme judiciaire en Egypte à la tribune nationale, où il luttait contre une opinion insensée : (S'il est une idée, disait-il, qui soit peut-être destinée à réaliser l'une des tendances les plus nobles de notre génération, c'est cette idée qui gagne tous les esprits, d'un tribunal international. Eh bien! Voilà la première expérience qui en est tentée.) Cette déclaration ne déparerait certes aucun de nos innombrables programmes politiques actuels. A *la force qui prime le droit*, M. le duc Decazes oppose l'accord des intérêts, le respect des droits. Du haut de la tribune française et du pouvoir qu'il exerce au nom de notre plus vaillant homme de guerre, il présente, comme terme aux conflits sanglants de peuple à peuple, l'institution d'une magistrature internationale.

Vous connaissez, Monsieur, l'admirable sociabilité populaire de M. le duc Decazes. A l'époque où le gouvernement de M. Thiers proposa sa loi du Sénat, je lui demandai où il serait le mieux selon ses goûts, au Sénat ou à la Chambre des députés? Lors des récentes élections sénatoriales, des républicains patriotes et clairvoyants, se souvenant qu'il y a une Europe et une opinion européenne, proposèrent de le nommer sénateur. Je crois que M. le duc Decazes, se sentant suffisamment aristocrate dans une société où, sous la forme et par le levier égalitaire, tant d'hommes n'aspirent qu'à élever leur propre situation, je crois que par un goût de réserve et de modestie qui lui est inhérent, par fidélité envers son arrondissement et une sorte d'attache familiale, et parce que là où est plus directement la France, là est aussi le foyer de ses sentiments généreux, de ses croyances et de son action publique préférée, le duc Decazes n'a jamais aspiré activement à l'éminence sénatoriale viagère.

Mais j'apprends que, dans son arrondissement d'origine, un parti follement avancé lui refuserait même un escabeau dans la Chambre populaire. Je ne me souviens plus du nom de ce démagogue de notre première Révolution, qui, dans un discours sur les constitutions politiques, commença ainsi : « la Constitution anglaise.. .. horreur!..... un roi! je passe à une autre. »

A quel autre d'entre vous, messieurs de Libourne, après cet homme de bien qui est, en même temps, un éminent politique et le coopérateur direct et influent, l'exécuteur loyal de la Constitution du 25 février? Libourne contient beaucoup de ces démocrates privés de tout sens politique, espèces d'huissiers introducteurs, qui ouvrent les portes devant les Bonapartistes. Ces aveugles de la démocratie et les audacieux habiles du bonapartisme absorbent, à Libourne, l'attention ou la curiosité publique, et nul regard

n'y est donné aux hommes droits et de raison
qui dédaignent le charlatanisme des programmes irréalisables.

La France qui cherche une République en a
cinq en perspective : la République vertueuse,
qui aspire à la régénération du pays par les sentiments: la République intellectuelle , c'est-à-
dire la renaissance de cet esprit français dont les
derniers survivants sont MM. Thiers , Victor
Hugo, Littré et Chevreul; la République politique, qui est le gouvernement du pays par le
pays; enfin, les deux Républiques agressives :
l'une contre le dedans, qui divise en classes hos-
tiles une société qui tend à la concorde par mille
liens d'égalité, d'intérêt et de sympathie ;
l'autre, stupidement agressive contre le dehors,
inspirée par une famille qui créa un grand militaire, mais, avec lui et après lui, pas un seul vrai
caporal. La France, confiant ses destinées aux
Bonaparte, ressemblerait à un directeur de l'O-
péra, engageant, pour chanter Guillaume Tell,
les neveux et petits-neveux de Dupré. En réalité,
le bonapartisme n'est qu'une bureaucratie.
C'est le règne des secrétaires et des chefs de
bureau, avec l'agitation militaire de plus.

Il est inutile de dire que le duc Decazes ne
sympathise ni avec la politique de division intes-
tine ni avec cette politique fanfaronne d'un parti
qui n'emprunte sa force qu'aux cendres d'un
grand capitaine, lui-même si contestable à tant
d'égards, et qui, en 1870 et 1871, opposa au

Prussien plus encore un vieux prestige, qui ne lui appartient pas, qu'une armée bien organisée et bien conduite, sans une poitrine d'un cousin Bonaparte.

Mais ces réflexions m'entraînent. Je n'ai voulu qu'indiquer l'homme dans M. le duc Decazes, et c'est à votre collaborateur surtout qu'il appartient de l'étudier sous le caractère politique.

J'espère, Monsieur, que vous excuserez cette libre et intime conversation sur un girondin pour lequel, je le sais, vous professez une grande estime, et que, si vous jugez utile d'en faire part à votre collaborateur, il y verra, non pas le portrait complet de M. le duc Decazes, mais quelques traits exacts de sa physionomie.

Un dernier mot m'échappe. L'homme qu'après nos désastres, nous avons mis le plus en avant sur nos frontières pour observer les mouvements de l'Europe et les démarches de la Prusse, m'est profondément cher. A cette limite de notre territoire, et après la paix de 1871, ce ministre apparaît comme la dernière grand'garde de la France, non encore relevée de son poste. Devant lui des adversaires ; en deçà, tous amis, et tous, ses amis.

J'ai l'honneur, Monsieur, de vous saluer avec considération.

St-B. MUSSET.

Paris. — Imprimerie Moquet, rue des Fossés Saint-Jacques, 11 .